Inhaltsverzeichnis

Was du schon weißt ...

Unité 1 C'est la fête!

Unité 2 Mes hobbys

Unité 3 Planète collège

Unité 4 Qu'est-ce qu'on mange ce soir?

Unité 5 Un week-end à Paris!

Annexe

Was du schon weißt …

Hier findest du eine Übersicht über die wichtigsten grammatischen Regeln aus ***À toi!* 1A**.

1 *le, la, les* | Der bestimmte Artikel

	männlich		weiblich	
	vor Konsonant	vor Vokal	vor Konsonant	vor Vokal
Singular	**le** garçon	**l'**ordinateur	**la** fille	**l'**armoire
Plural	**les** garçons	**les**‿ordinateurs	**les** filles	**les**‿armoires

bestimmter Artikel = *der, die, das*

Singular = Einzahl
Plural = Mehrzahl

2 *un, une, des* | Der unbestimmte Artikel

	männlich		weiblich	
	vor Konsonant	vor Vokal	vor Konsonant	vor Vokal
Singular	**un** garçon ein Junge	**un**‿ordinateur ein Computer	**une** fille ein Mädchen	**une**‿armoire ein Schrank
Plural	**des** garçons ■ Jungen	**des**‿ordinateurs ■ Computer	**des** filles ■ Mädchen	**des**‿armoires ■ Schränke

! Im Deutschen gibt es keinen unbestimmten Artikel im Plural.

unbestimmter Artikel = *ein, eine*

3 *du, de la, de l', des* | Der zusammengezogene Artikel mit der Präposition *de*

La boîte est à côté **du** bureau.	Die Schachtel ist neben dem Schreibtisch.
Le chat est à côté **de la** chaise.	Die Katze ist neben dem Stuhl.
Le miroir est à côté **de l'**étagère.	Der Spiegel ist neben dem Regal.
Les livres sont à côté **des** boîtes.	Die Bücher sind neben den Schachteln.

Präposition = Verhältniswort
(von, in, nach, mit, auf …)

Nur die bestimmten Artikel ***le*** und ***les*** werden mit der Präposition ***de*** zusammengezogen.
Mit den bestimmten Artikeln ***la*** und ***l'*** wird die Präposition ***de*** nicht zusammengezogen.

~~de + le~~ → ***du***
de + la → ***de la***
de + l' → ***de l'***
~~de + les~~ → ***des***

4 *mon, ton, son …* | Die Possessivbegleiter im Singular

männlich	weiblich	vor Vokal	Plural
mon père	ma mère	mon_ami mon_amie	mes_amis mes_amies
ton père	ta mère	ton_ami ton_amie	tes_amis tes_amies
son père	sa mère	son_ami son_amie	ses_amis ses_amies

Possessivbegleiter = besitzanzeigender Begleiter *(mein, dein, sein …)*

Die französischen Possessivbegleiter sind in Geschlecht und Zahl veränderlich. Sie richten sich immer nach dem Nomen, vor dem sie stehen.

5 *je, tu, il, elle …* | Die Personalpronomen

Singular	1. Person	je	ich
	2. Person	tu	du
	3. Person	il elle on	er sie man/wir
Plural	1. Person	nous	wir
	2. Person	vous	ihr/Sie
	3. Person	ils elles	sie sie

Personalpronomen = persönliche Fürwörter

Die Personalpronomen stehen immer vor einem konjugierten Verb.
Das sächliche ***es*** gibt es im Französischen nicht.

konjugieren = das Verb an die Person anpassen *(sein → ich bin)*

6 *être, avoir* | Die Hilfsverben *être* und *avoir*

	être	(sein)
je	suis	ich bin
tu	es	du bist
il/elle/on	est	er/sie/man ist
nous	sommes	wir sind
vous	êtes	ihr seid / Sie sind
ils/elles	sont	sie sind

	avoir	(haben)
j'	ai	ich habe
tu	as	du hast
il/elle/on	a	er/sie/man hat
nous	avons	wir haben
vous	avez	ihr habt / Sie haben
ils/elles	ont	sie haben

7 *parler, manger …* | Die regelmäßigen Verben auf *-er*

	parler	(sprechen)
je	parle	ich spreche
tu	parles	du sprichst
il/elle/on	parle	er/sie/man spricht
nous	parlons	wir sprechen
vous	parlez	ihr sprecht / Sie sprechen
ils/elles	parlent	sie sprechen

	habiter	(wohnen)
j'	habite	ich wohne
tu	habites	du wohnst
il/elle/on	habite	er/sie/man wohnt
nous	habitons	wir wohnen
vous	habitez	ihr wohnt / Sie wohnen
ils/elles	habitent	sie wohnen

Die meisten französischen Verben enden im Infinitiv auf ***-er***.

Infinitiv = Grundform des Verbs (z. B. *parler/sprechen*)

	manger	(essen)
je	mange	ich esse
tu	manges	du isst
il/elle/on	mange	er/sie/man isst
nous	mangeons	wir essen
vous	mangez	ihr esst / Sie essen
ils/elles	mangent	sie essen

Die Verben ***manger*** und ***ranger*** haben eine Besonderheit in der Schreibung.

8 *Regarde. Regardons. Regardez.* | Der Imperativ

Imperativ = Befehlsform *(Hör zu!)*

Mit dem Imperativ forderst du jemanden auf, etwas zu tun.

Imperativ:

Du sprichst:	Du verwendest:	
eine Person an, die du duzt.	1. Person Singular	→ ***Regarde.***
dich selbst mit an.	1. Person Plural	→ ***Regardons.***
mehrere Personen an.	2. Person Plural	→ ***Regardez.***
eine Person an, die du siezt.	2. Person Plural	→ ***Regardez.***

9 *Ça va?* | Der Fragesatz

Intonation = Satzmelodie

Fragesatz	Aussagesatz
Ça va?	Ça va.
C'est Maxime?	Oui, c'est Maxime.

Fragesätze sprichst du mit ansteigender Satzmelodie, Aussagesätze mit fallender Satzmelodie.

Außerdem kennst du schon folgende Fragesätze:

Qu'est-ce que tu cherches? Was suchst du?
Où sont les photos? Wo sind die Fotos?
Qui est dans la cuisine? Wer ist in der Küche?

Unité 1 C'est la fête!

1 *Est-ce que …?* | Die Frage mit *est-ce que*

DAS WEISST DU SCHON

Aussagesatz	**Fragesatz** (Intonationsfrage)
Ça va.	Ça va?
Les parents d'Océane sont d'accord.	Les parents d'Océane sont d'accord?

Intonationsfrage = Frage mit ansteigender Satzmelodie

Du kannst beim Sprechen aus einem Aussagesatz einen Fragesatz bilden. Dazu sprichst du einfach den Aussagesatz mit ansteigender Satzmelodie.

DAS IST NEU

Aussagesatz:		Elle organise une fête.	Sie organisiert eine Party.
Fragesatz:	**Est-ce qu'**	elle organise une fête?	Organisiert sie eine Party?
	Est-ce que	tu as les CD?	Hast du die CDs?
	Est-ce que	tes parents sont d'accord?	Sind deine Eltern einverstanden?

Du kannst eine Frage auch mit ***est-ce que*** bilden. Dazu musst du ***est-ce que*** vor den Aussagesatz stellen. Die Stellung der Satzteile und die Satzmelodie des Aussagesatzes bleiben erhalten.

Est-ce que + Aussagesatz + ***?*** = Fragesatz

Die Frage mit ***est-ce que*** ist eine Entscheidungsfrage. Die Antwort lautet ***Oui.*** oder ***Non.***

HAST DU DAS VERSTANDEN?

▸ Lösungen, S. 25

Stelle Fragen, die zu den folgenden Antworten passen.

1. – ? – *Oui, Anissa a un problème.*
2. – ? – *Oui, Océane a une idée.*
3. – ? – *Oui, les parents d'Océane sont d'accord.*
4. – ? – *Oui, Maxime apporte des CD.*
5. – ? – *Oui, Laurine et Marie font un gâteau.*

2 *Anissa ne travaille pas.* | Die Verneinung mit *ne ... pas*

– Est-ce qu'Anissa travaille? Arbeitet Anissa?	– Non, elle **ne** travaille **pas**. Nein, sie arbeitet nicht.
– Est-ce qu'elle invite ses copains? Lädt sie ihre Freunde ein?	– Non, elle **n'** invite **pas** ses copains. Nein, sie lädt ihre Freunde nicht ein.
– Est-ce qu'elle habite à Paris? Wohnt sie in Paris?	– Non, elle **n'** habite **pas** à Paris. Nein, sie wohnt nicht in Paris.
– Je suis d'accord. Ich bin einverstanden.	– Tu **n'** es **pas** d'accord? Bist du nicht einverstanden?

Die französische Verneinung besteht aus zwei Teilen: ***ne*** und ***pas***. ***Ne*** steht vor dem Verb und ***pas*** dahinter. Vor einem Verb, das mit einem Vokal oder einem stummen ***h*** beginnt, wird ***ne*** zu ***n'***.

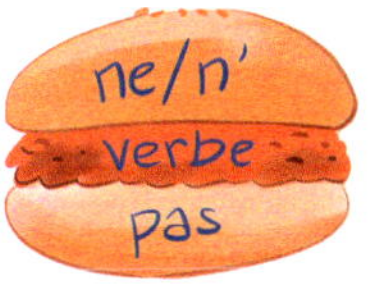

ne + Verb + ***pas*** = Verneinung

HAST DU DAS VERSTANDEN?

▸ Lösungen, S. 25

Beantworte die folgenden Fragen mit nein.

1. – *Est-ce qu'Anissa fait ses devoirs? – Non,* ? .
2. – *Est-ce que les garçons dansent? – Non,* ? .
3. – *Est-ce que Mehdi range son bureau? – Non,* ? .
4. – *Est-ce que les parents d'Anissa sont d'accord? – Non,* ? .
5. – *Est-ce que les parents d'Océane travaillent? – Non,* ? .

3 *je fais, tu fais, il fait …* | Das unregelmäßige Verb *faire*

faire (machen)

je	fais
tu	fais
il/elle/on	fait
nous	faisons
vous	faites
ils/elles	font

On **fait la fête**.
Wir feiern.

Il **fait un gâteau**.
Er backt einen Kuchen.

Elle **fait le numéro de** son copain.
Sie wählt die Nummer ihres Freundes.

HAST DU DAS VERSTANDEN?

▸ Lösungen, S. 25

Setze die passenden Formen von *faire* ein.

1. – *Est-ce que tu ? la salade?*
   – *Non, Laurine et Marie ? la salade. Moi, je ? le gâteau.*
2. – *Robin et Nicolas, qu'est-ce que vous ? ?*
   – *On ? la fête!*

Mes hobbys

1 *je vais, tu vas, il va …* | Das unregelmäßige Verb *aller*

aller (gehen/fahren)

je	vais
tu	vas
il/elle/on	va
nous_	allons
vous_	allez
ils/elles	vont

Jetzt kennst du schon alle Verben, die in der 3. Person Plural auf ***-ont*** enden:

ils **font** (faire)	[ilfõ]	sie machen	ils **sont** (être)	[ilsõ]	sie sind
ils **vont** (aller)	[ilvõ]	sie gehen	ils_**ont** (avoir)	[ilzõ]	sie haben

! Achte beim Sprechen auf den Unterschied zwischen ***ils font*** (mit **f**) und ***ils vont*** (mit **w**) und zwischen ***ils sont*** (stimmloses **s** wie in *Kasse*) und ***ils_ont*** (stimmhaftes **s** wie in *Rose*).

HAST DU DAS VERSTANDEN?

▸ Lösungen, S. 25

Setze die passende Form des Verbs ***aller*** ein.

1. – *Tu* ? *où?* – *Je* ? *chez Tarik.*
2. – *Nicolas* ? *à Marseille?*
   – *Non, il* ? *à Paris. Moi, je* ? *à Marseille.*
3. – *Vous* ? *où, en juillet?* – *Nous* ? *à Levallois.*
4. – *Est-ce qu'Océane et Anissa* ? *chez Laurine?*
   – *Non, elles* ? *chez Thomas.*

2 *au, à la, à l', aux* | Der zusammengezogene Artikel mit der Präposition *à*

DAS WEISST DU SCHON

L'armoire est à droite	**du** bureau.	(le bureau)
La console est à gauche	**de la** boîte.	(la boîte)
Le lit est à droite	**de l'**armoire.	(l'armoire)
Les DVD sont à côté	**des** livres.	(les livres)

Die Präposition ***de*** wird mit den bestimmten Artikeln ***le*** und ***les*** zu ***du*** und ***des*** zusammengezogen.

Präposition = Verhältniswort
(von, in, nach, mit, auf …)

DAS IST NEU

Robin ne va pas	**au** club de foot.	Robin geht nicht zum Fußballverein.
Il va	**à la** médiathèque.	Er geht in die Mediathek.
Ils ne vont pas	**à l'**école.	Sie gehen nicht in die Schule.
Nicolas va	**aux** Deux-Alpes en août.	Nicolas fährt im August nach Les Deux-Alpes.

Auch die Präposition ***à*** wird mit den bestimmten Artikeln ***le*** und ***les*** zusammengezogen.

Mit den bestimmten Artikeln ***la*** und ***l'*** wird die Präposition ***à*** nicht zusammengezogen.

~~à + le~~	→ ***au***
à + la	→ ***à la***
à + l'	→ à l'
~~à + les~~	→ ***aux***

Au und ***aux*** sprichst du gleich aus: [o].

HAST DU DAS VERSTANDEN?

▸ Lösungen, S. 25

Übersetze.

1. *Robin geht nicht in die Schule.*
2. *Nicolas geht nicht ins Stadion.*
3. *Sie gehen in die Mediathek.*
4. *Nicolas und seine Eltern fahren nach Les Deux-Alpes.*

3 *J'aime le sport. J'aime chanter.* | *Aimer* + Nomen und *aimer* + Infinitiv

aimer + Nomen

Maxime **aime**		**les ordinateurs.**	Maxime mag Computer.
Il n' **aime** pas		**les chiens.**	Er mag Hunde nicht.

aimer + Infinitiv

Marie **aime**		**chanter.**	Marie singt gerne.
Elle n' **aime** pas		**travailler.**	Sie arbeitet nicht gerne.

Infinitiv = Grundform des Verbs (z. B. *chanter/singen*)

! Im Französischen steht nach dem Verb ***aimer*** immer der bestimmte Artikel und dann das Nomen. Im Deutschen steht nach *mögen* meist kein Artikel.

FR	J'aime les animaux.	Je n'aime pas les portables.
DE	Ich mag ▪ Tiere.	Ich mag ▪ Handys nicht.

aimer **+ bestimmter Artikel + Nomen**
oder
aimer **+ Infinitiv**

Unité 3 Planète collège

1 *lundi, le lundi* | Die Wochentage mit und ohne bestimmten Artikel

Le mardi, il range toujours sa chambre.
Dienstags räumt er immer sein Zimmer auf.

Mardi, il range sa chambre.
(Am) Dienstag räumt er sein Zimmer auf.

Du verwendest den Wochentag **mit** dem bestimmten Artikel, wenn etwas immer wieder an diesem Tag stattfindet. Meinst du nur einen einzigen, bestimmten Tag, verwendest du den Wochentag **ohne** Artikel.

Dienstags – ***le mardi.***
Im Deutschen mit ***-s***,
im Französischen mit ***le***.

le lundi = regelmäßig (Wochentag mit Artikel)
lundi = einmalig (Wochentag ohne Artikel)

HAST DU DAS VERSTANDEN?

▸ Lösungen, S. 25

Ergänze die Sätze mit den Wochentagen mit oder ohne bestimmten Artikel.

1. – *On va au cinéma,* ? ? *(am Mittwoch)*
   – *Non,* ? *, je suis toujours chez ma grand-mère.* *(mittwochs)*
2. – *On a français,* ? ? *(am Donnerstag)*
   – *On a toujours français,* ? . *(donnerstags)*

2 *je peux, tu peux, il peut ...* | Das unregelmäßige Verb *pouvoir*

pouvoir (können)

je	peux
tu	peux
il/elle/on	peut
nous	pouvons
vous	pouvez
ils/elles	peuvent

Je peux **utiliser** ton atlas? Kann ich deinen Atlas benutzen?

Auf ***pouvoir*** folgt ein Infinitiv.

Ils **ne** peuvent **pas** entrer dans le gymnase. Sie können nicht in die Turnhalle hineingehen.

Im verneinten Satz umschließt die Verneinungsklammer ***ne ... pas*** die konjugierte Verbform.
Das kennst du schon von *aimer (Elle n'aime pas dessiner.)*.

HAST DU DAS VERSTANDEN?

▸ Lösungen, S. 25

1. Ergänze die Sätze mit der passenden Form von ***pouvoir***.
   a. *Je ne* ? *pas faire l'interro.*
   b. *Vous* ? *préparer les spaghettis, s'il vous plaît?*
   c. *Le mercredi, Nicolas et Robin* ? *aller à la médiathèque.*
   d. *Tu* ? *corriger mes fautes, s'il te plaît?*
2. Stelle die Sätze wieder her.
   a. *peux / la télé / Je / regarder / ?*
   b. *au cinéma / ne / pas / aller / peuvent / Ils / .*

3 *notre, votre, leur ...* | Die Possessivbegleiter im Plural

DAS WEISST DU SCHON

Paul est **mon** copain. Laurine est **ta** copine. Voilà Maxime et **ses** frères.

Die Possessivbegleiter im Singular kennst du schon.

Possessivbegleiter = besitzanzeigender Begleiter *(mein, dein, sein, unser, euer, ihr)*

»»»» DAS IST NEU

Jetzt lernst du die Possessivbegleiter der 1. bis 3. Person Plural *(unser, euer, ihr)* kennen.

	le copain	la copine	les copains	les copines
nous	**notre** copain unser Freund	**notre** copine unsere Freundin	**nos** copains unsere Freunde	**nos** copines unsere Freundinnen
vous	**votre** copain euer/Ihr Freund	**votre** copine eure/Ihre Freundin	**vos** copains eure/Ihre Freunde	**vos** copines eure/Ihre Freundinnen
ils/elles	**leur** copain ihr Freund	**leur** copine ihre Freundin	**leurs** copains ihre Freunde	**leurs** copines ihre Freundinnen

Notre, votre, leur stehen vor männlichen und weiblichen Nomen im Singular.
Nos, vos, leurs stehen vor männlichen und weiblichen Nomen im Plural.

notre, votre, leur = vor Nomen im Singular
nos, vos, leurs = vor Nomen im Plural

votre livre – **euer** Buch

vos livres – **eure** Bücher

votre portable – **Ihr** Handy

vos enfants – **Ihre** Kinder

Votre bedeutet ***euer/eure*** oder ***Ihr/Ihre***.

Vos bedeutet ***eure*** oder ***Ihre***.

leur chien – **ihr** Hund

leurs chiens – **ihre** Hunde

HAST DU DAS VERSTANDEN?

▸ Lösungen, S. 25

Ergänze die Sätze mit den passenden Possessivbegleitern.

1. – *Vous faites ? exposé ensemble?*
   – *Oui, nous faisons ? exposé ensemble.*
2. *Océane et Maxime parlent avec ? prof.*
3. *Les élèves préparent ? exposés.*
4. – *Monsieur, quand est-ce que vous corrigez ? interros?*
   – *Je corrige ? interros demain.*

4 *Pourquoi est-ce que …?* | Die Frage mit Fragewort und *est-ce que*

DAS WEISST DU SCHON

Est-ce que les profs mangent à la cantine? Essen die Lehrer in der Kantine?

Du kannst schon Fragesätze mit ***est-ce que*** bilden.
Dazu musst du ***est-ce que*** vor den Aussagesatz stellen.

Pourquoi est-ce que vous n'entrez pas dans le CDI? — Warum geht ihr nicht ins CDI hinein?
Où est-ce que tu habites? — Wo wohnst du?
Comment est-ce que vous rentrez? — Wie geht ihr nach Hause?
Quand est-ce qu'ils vont à la cantine? — Wann gehen sie in die Kantine?
Avec qui est-ce que tu chattes? — Mit wem chattest du?
Chez qui est-ce qu'on mange? — Bei wem essen wir?
Pour qui est-ce que tu fais le gâteau? — Für wen backst du den Kuchen?

Est-ce que-Fragen kannst du auch mit Fragewörtern bilden. Du stellst das Fragewort vor ***est-ce que*** an den Anfang der Frage.

Fragewort + ***est-ce que*** + Aussagesatz + ***?***

5 *Parce que ...* | Der Nebensatz mit *parce que*

– Pourquoi est-ce que tu ne peux pas faire l'interro?
Warum kannst du die Klassenarbeit nicht schreiben?

– **Parce que** je n'ai pas mon atlas.
Weil ich meinen Atlas nicht mit habe.

– Pourquoi est-ce que vous n'êtes pas dans le gymnase?
Warum seid ihr nicht in der Turnhalle?

– **Parce qu'**on ne peut pas entrer.
Weil wir nicht hineingehen können.

Mit ***pourquoi est-ce que*** kannst du nach einem Grund fragen. Mit ***parce que*** antwortest du auf diese Frage. Vor Vokal und stummem ***h*** wird ***parce que*** zu ***parce qu'***.

		Subjekt	Verb	Ergänzung
🇫🇷	Parce que	je	n'ai pas	ma montre.
		Subjekt	Ergänzung	Verb
🇩🇪	Weil	ich	meine Uhr	nicht habe.

Die Reihenfolge der Satzteile im Nebensatz mit ***parce que*** ist im Französischen anders als im Deutschen: Im Französischen steht die Ergänzung am Satzende.

HAST DU DAS VERSTANDEN?

▸ Lösungen, S. 25

Ergänze. Übersetze die Nebensätze in Klammern.

1. *Après l'école, Paul ne rentre pas* ? . *(weil er ins Kino geht)*
2. *Louise adore le mardi* ? . *(weil sie Französisch hat)*
3. *Marc ne fait pas ses devoirs* ? . *(weil er keine Zeit hat.)*

nité 4 Qu'est-ce qu'on mange ce soir?

1 *un kilo de tomates* | Mengenangaben

Dans le frigo, il y a	**un kilo de**	tomates,	... ein Kilo Tomaten
	un litre de	lait,	... ein Liter Milch
	une bouteille d'	eau minérale,	... eine Flasche Mineralwasser
	un peu de	fromage,	... ein bisschen Käse
	beaucoup de	pommes.	... viele Äpfel

Nach Wörtern, die eine Menge angeben, steht im Französischen immer ***de***. Dann folgt das Nomen ohne Artikel.
Vor einem Nomen, das mit Vokal oder stummem ***h*** beginnt, wird ***de*** zu ***d'*** verkürzt.

une bouteille	**de**	jus d'orange
a bottle	**of**	orange juice
eine Flasche	■	Orangensaft

Das kennst du aus dem Englischen. Im Deutschen hingegen steht das Nomen direkt nach der Mengenangabe.

Mengenangabe + ***de*** + Nomen

Mengenangaben können sein:

ganz bestimmte Mengen		**nicht genau bestimmte Mengen**	
un kilo de	ein Kilo	beaucoup de	viel
un litre de	ein Liter	un peu de	ein wenig
une bouteille de	eine Flasche	trop de	zu viel
un pot de	ein Topf/Glas	ne ... pas de	kein
un sachet de	ein Beutel		

HAST DU DAS VERSTANDEN?

▸ Lösungen, S. 25

Wie sagst du das auf Französisch? Übersetze.

1. *Ich hätte gerne zwei Kilo Äpfel und ein Kilo Tomaten.*
2. *Kaufst du bitte einen Liter Milch, ein bisschen Käse und vier Joghurt?*
3. *Ich kaufe drei Flaschen Orangensaft, sechs Flaschen Mineralwasser und zehn Tüten Bonbons!*

2 *je veux, tu veux, il veut …* | Das unregelmäßige Verb *vouloir*

vouloir (wollen)

je	veux
tu	veux
il/elle/on	veut
nous	voulons
vous	voulez
ils/elles	veulent

Vouloir konjugierst du genau wie ***pouvoir*** (S. 15).

HAST DU DAS VERSTANDEN?

▸ Lösungen, S. 25

Ergänze die Sätze mit der passenden Form von ***vouloir***.

1. *– Vous ? manger une salade? – Non, nous ? manger un poulet!*
2. *– Tu ? une pomme? – Non, je ? une banane.*
3. *Madame Moreau ? manger une quiche, mais Nicolas et Océane ne ? pas de quiche.*

3 *j'achète … nous achetons …* | Das Verb *acheter*

acheter (kaufen)

j'	achète
tu	achètes
il/elle/on	achète
nous	achetons
vous	achetez
ils/elles	achètent

Das Verb ***acheter*** hat eine Besonderheit. Wenn die Endung ausgesprochen wird (1. und 2. Person Plural), steht im Verbstamm ein ***-e-*** *(nous achetons, vous achetez)*. In allen anderen Formen steht ***-è-*** *(j'achète, tu achètes …)*.

Verbstamm = eine Verbform besteht aus einem Stamm und einer Endung *(**achet**-ez, **regard**-ons)*.

4 *Il est content. Elle est contente.* | Das Adjektiv

DAS WEISST DU

Nicolas ist zufrieden.
Die Idee ist toll.
Das Huhn ist fertig.

Mit Adjektiven beschreibst du Personen, Tiere oder Sachen.

Adjektiv = Eigenschaftswort
(schön, lustig, lecker ...)

DAS IST NEU

Nicolas est content.

Océane est contente.

Robin et Nicolas sont contents.

Océane et Anissa sont contentes.

Französische Adjektive werden immer dem Nomen angeglichen, zu dem sie gehören.
Für die weibliche Form hängst du ein ***-e*** an das Adjektiv an. Für die Pluralformen ein ***-s***.

Nicolas est **formidable**.

Océane est **formidable**.

Es gibt auch Adjektive, die schon in der männlichen Form ein ***-e*** am Ende haben (z. B. *formidable*).
Sie bekommen kein weiteres ***-e*** dazu.

Einzahl (Singular) ♂	♀
prêt content	prêt**e** content**e**
formidable	formidable

Mehrzahl (Plural) ♂	♀
prêt**s** content**s**	prêt**es** content**es**
formidable**s**	formidable**s**

Bezieht sich ein Adjektiv auf eine männliche **und** eine weibliche Person oder Sache, verwendest du die männliche Pluralform.

Merke dir die Adjektivendungen:

♂	= /
♀	= **-e**
♂♂ / ♂♀	= **-s**
♀♀	= **-es**

HAST DU DAS VERSTANDEN?

▸ Lösungen, S. 25

Übersetze die Sätze und achte auf die richtige Form der Adjektive ***content***, ***prêt*** und ***formidable***.

1. *Nicolas ist zufrieden. Das Huhn ist fertig. Und die Pommes frites sind auch fertig.*
2. *Seine Mutter ist zufrieden, weil das Abendessen fertig ist.*
3. *Madame Moreau: „Meine Kinder sind toll und das Abendessen ist auch toll."*

Un week-end à Paris!

1 *je vais chanter, tu vas chanter ...* | Das *futur composé*

DAS WEISST DU SCHON

Elles **passent** le week-end à Paris. Sie verbringen das Wochenende in Paris.

Wenn du über die Gegenwart sprichst, verwendest du die Präsensform des Verbs.

Präsens = Gegenwart

DAS IST NEU

Sie werden das Wochenende in Paris verbringen.

Wenn du über etwas sprichst, das in der Zukunft passieren wird, verwendest du das ***futur composé*** (die zusammengesetzte Zukunft).

Je	**vais**	**aller**	à Paris.	Ich werde nach Paris fahren.
Tu	**vas**	**visiter**	le musée du quai Branly?	Wirst du das Museum „Quai Branly" besuchen?
Il/Elle/On	**va**	**aller**	à Montmartre.	Er/Sie/Man wird nach Montmartre gehen.
Nous	**allons**	**danser**	sous la tour Eiffel.	Wir werden unter dem Eiffelturm tanzen.
Vous	**allez**	**faire**	du shopping?	Werdet ihr shoppen gehen?
Ils/Elles	**vont**	**habiter**	chez la sœur de Marie.	Sie werden bei der Schwester von Marie wohnen.

Das ***futur composé*** bildest du mit einer konjugierten Form des Verbs ***aller*** und einem Infinitiv.

konjugierte Form = an die Person angepasste Form des Verbs (*je* ***vais****, ils* ***vont*** *...*)

konjugierte Form von
aller + Infinitiv = ***futur composé***

Elles **ne** vont **pas** passer le week-end à Paris. Sie werden das Wochenende nicht in Paris verbringen.

Wenn du einen Satz mit ***futur composé*** verneinst, stellst du ***ne … pas*** vor und hinter die konjugierte Form von ***aller***. Der Infinitiv steht immer hinter ***pas***.

HAST DU DAS VERSTANDEN?

▸ Lösungen, S. 25

Setze die Verben in Klammern ins ***futur composé***.

1. *Après l'école, Maxime (passer) chez Anissa.*
2. *Anissa et Mehdi (ranger) leurs chambres.*
3. *Je (ne regarder pas) la télé et je (ne travailler pas).*
4. *Nous (passer) le week-end chez nos grands-parents.*
5. *Vous (manger) une quiche?*
6. *On (ne faire pas) du shopping.*